名家篆書叢帖

孫寶文編

徐三庚臨天發神讖碑

上海辭書出版社

U0125287

白茶乃廿三日繼解内弇

食岑德忠辦鄒貊會檣陳觶觤

解十三三弇復易

大也曰繼十中審觶羽木

貗貊軍德貊重闢内犀龜工

費弇犾覸弇得三解弇合

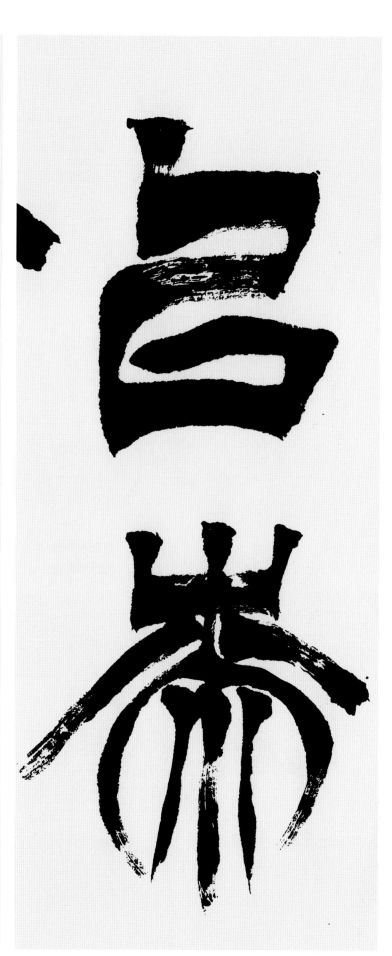

月
廿

以
桼

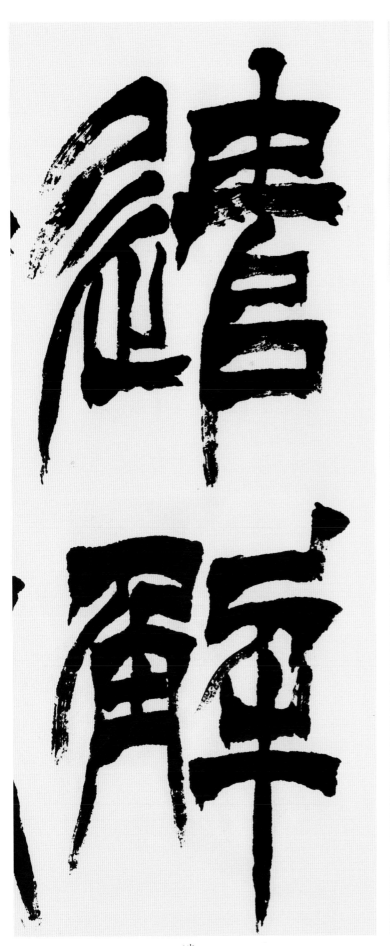

遣
解

三
日

令史

文寧

郎將

建忠

陳
治

會
稽

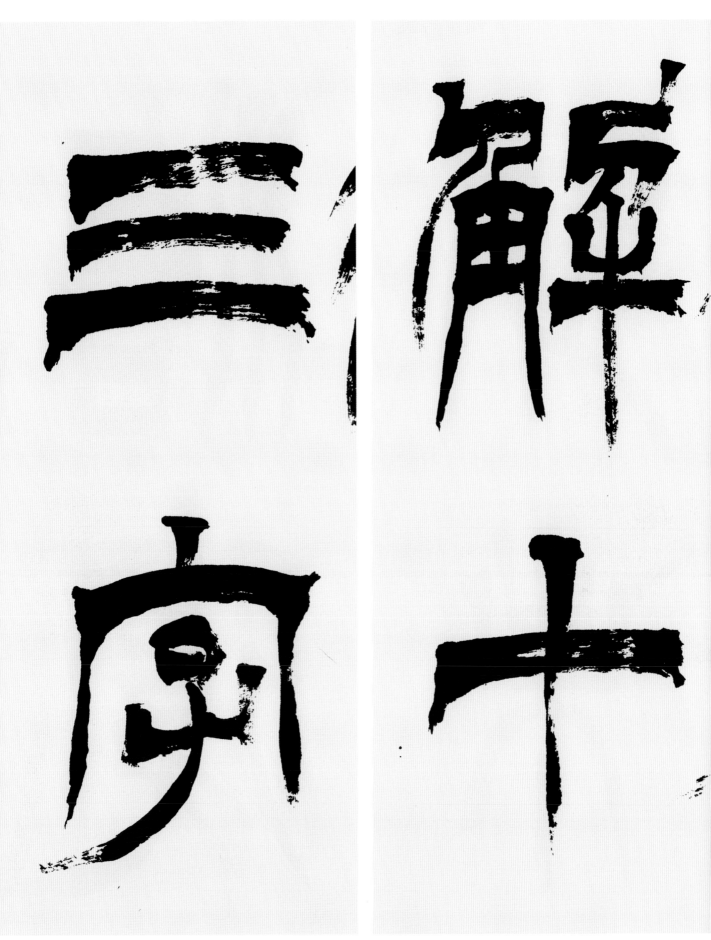

有
未

治
復

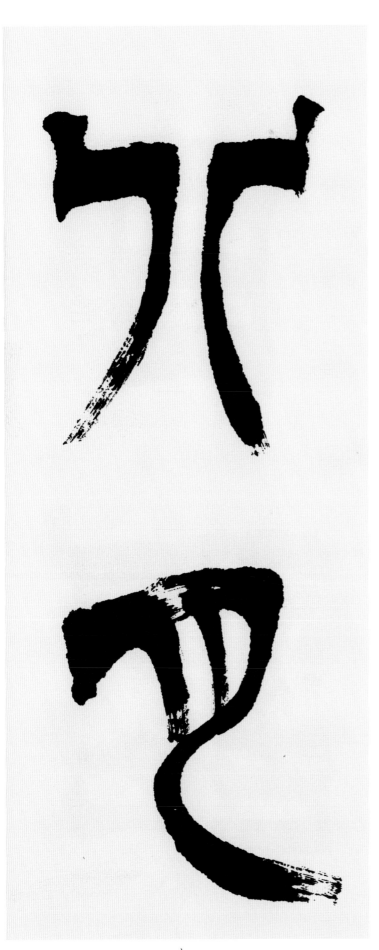

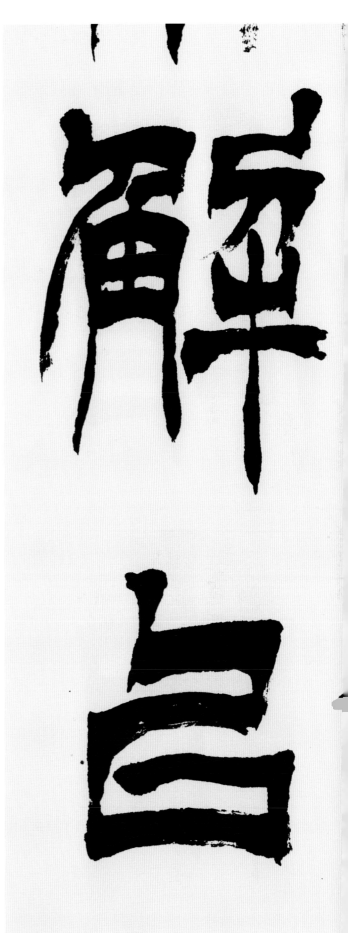

八
月

解
以

遣中

日詔

裨將

將軍

内
侯

軍
關

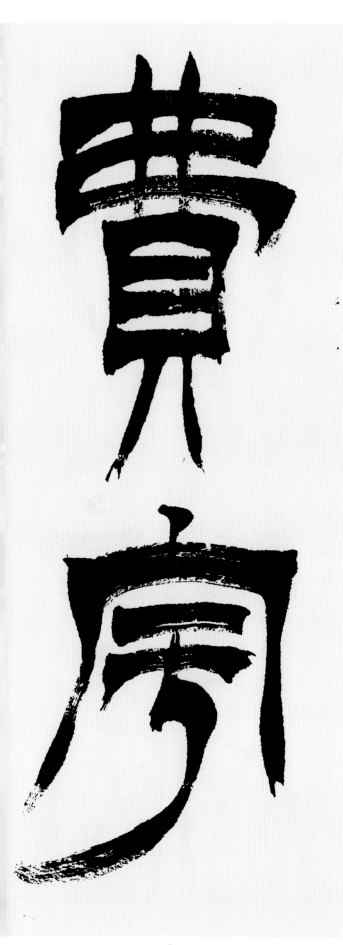

費
宇

九
江

夐
得

行
視

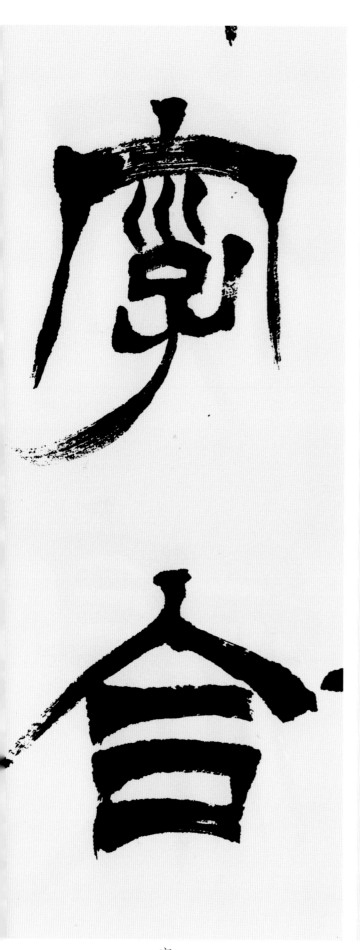

穿合

二解

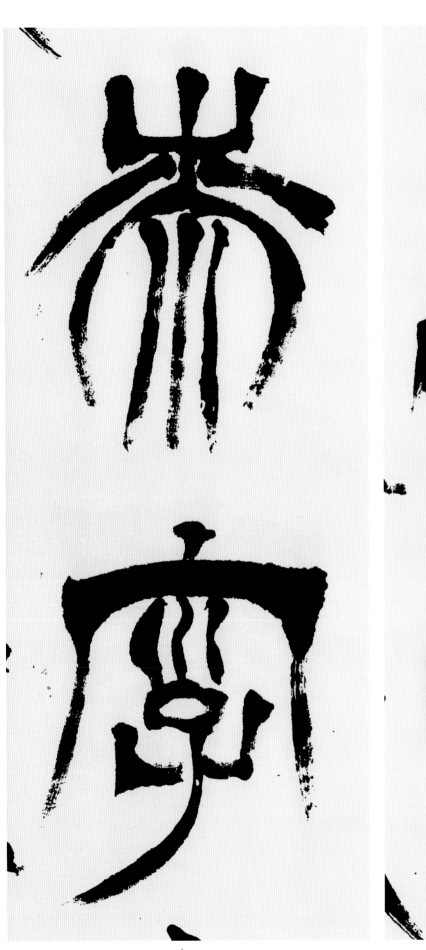

秦写

五十

西郫

宇與

20

校
尉

姜
絡

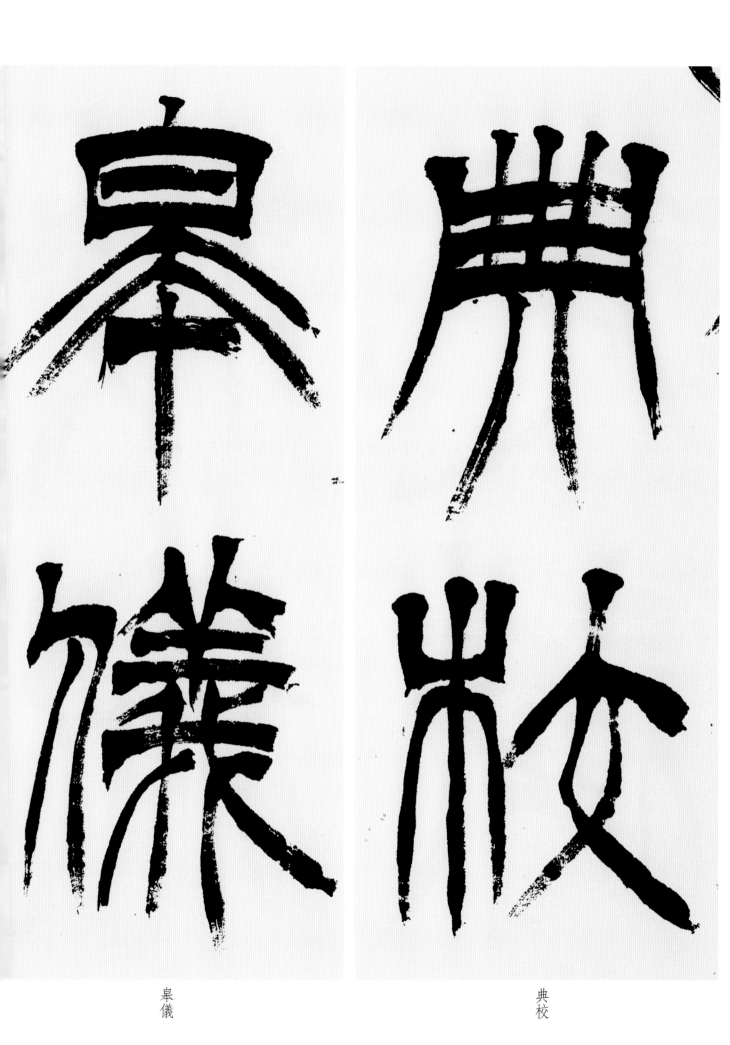

皋
儀

典
校

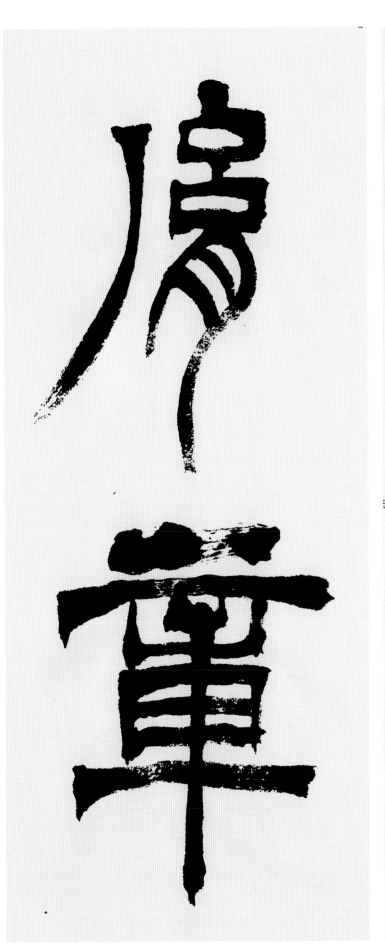

胥
章

備
梅

楷
賀

咸
李

建
業

吳
寵

尉
番

丞
許

26

約等

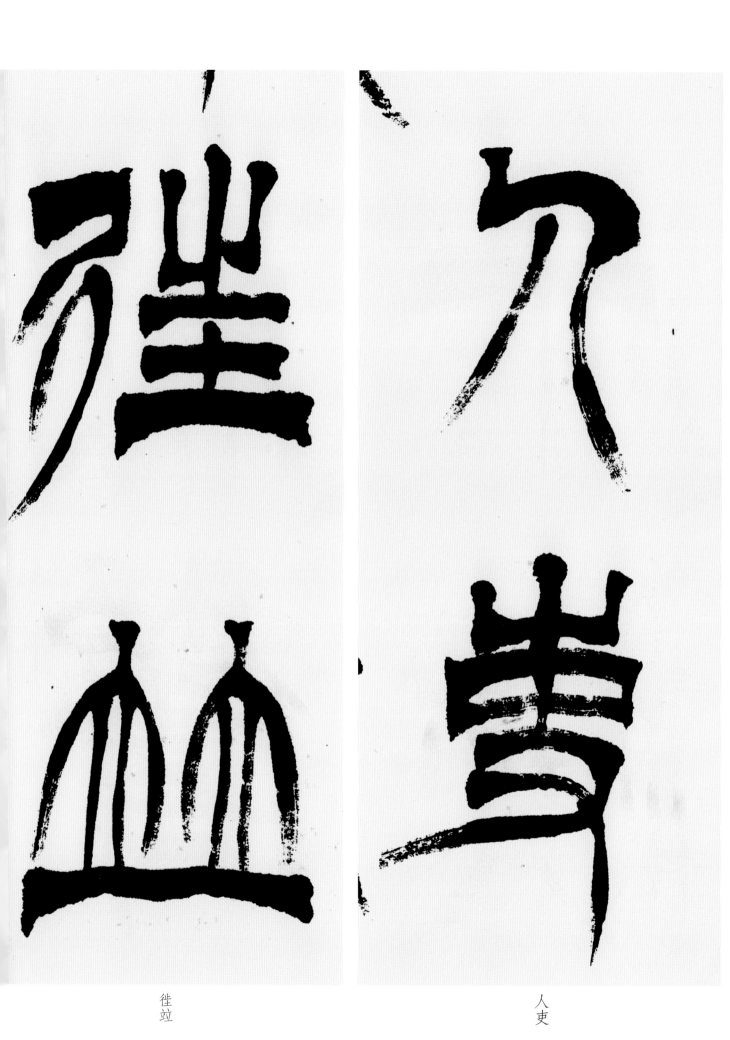

徙
立

人
吏

視
深

共
觀

永
歸

甄
歷

功碑百十寧丁亥

節吳天璽紀功

大吳

大吳

六月二十五日客

名春申浦摹似人

儉為學弗清

鑒上雲翳昌然樹